AF242698

CONCOURS POUR L'AUDITORAT.

PRÉCIS ET CONSIDÉRATIONS

PAR

François-Marie-André-Hyacinthe LEMARIÉ, Avocat,

DOCTEUR EN DROIT.

PARIS.

IMPRIMERIE DE W. REMQUET ET COMP.,

RUE GARANCIÈRE, N. 5, DERRIÈRE SAINT-SULPICE.

1849.

La question suivante a été posée aux candidats par le jury du Concours.

On demande d'indiquer le système qui fut adopté par l'Assemblée constituante de 1789 pour les revenus publics, en faisant connaître sur quels principes politiques et économiques reposait ce système, quels étaient les différentes natures de revenu et leur produit.

Après cet exposé qui ne doit contenir que les principaux faits et les résultats généraux, on indiquera de la même manière quel était notre système de revenu public (au 1ᵉʳ janvier 1848), en montrant comment il différait de celui adopté par l'Assemblée constituante.

Je me propose de diviser mon sujet en deux parties, dans la première, j'exposerai le système de revenus publics créé par l'Assemblée nationale; dans la seconde, l'état des recettes au 1ᵉʳ janvier 1848.

I.

Système de l'Assemblée nationale.

Lorsque l'Assemblée nationale s'occupa des finances du royaume, elle se trouva en présence de deux nécessités impérieuses; d'une part, il fallait assurer le paiement d'une dette écrasante, accumulée pendant des siècles; de l'autre, réformer entièrement le système des revenus publics, qui était complètement opposé aux idées d'ordre, de liberté et d'égalité dont les députés du tiers voulaient doter la France.

Quelques mots sur ce système prouveront combien il était impérieux de le changer totalement.

a

Le désordre et l'incurie étaient si grands dans l'administration de cette époque, qu'ils avaient fait dire à la cour des aides en 1775 « que presque toujours le contribuable ignorait ce qu'il devait payer, « le fermier ce qu'il devait percevoir. »

La liberté du commerce était également entravée par l'existence de douanes intérieures et nombreuses, qui interceptaient la circulation des marchandises de province à province. L'établissement des maîtrises et jurandes enchaînait partout la liberté du travail et de l'industrie.

De nombreuses inégalités existaient aussi dans la répartition de l'impôt. Les biens de la noblesse et du clergé étaient exempts de tout tribut, ceux des bourgeois et des paysans supportaient au contraire toutes les charges.

Cette inégalité, déjà si choquante, était encore aggravée par d'autres inégalités de province à province. Ainsi le paysan ou le bourgeois qui habitait un pays d'état n'était soumis qu'à des charges légères, tandis que les habitans des autres provinces supportaient les impôts les plus écrasans.

Quelque graves qu'aient été ces abus, il est facile de les expliquer par l'histoire, sinon de les justifier.

Si la noblesse avait été dispensée de l'impôt, c'est parce que, dans l'origine, elle payait, en répandant son sang pour la défense de la France, l'impôt que le bourgeois ou le vilain acquittait en écus.

Les biens du clergé avaient été soustraits à l'impôt, mais ces biens étaient le salaire de leur ministère, ministère aussi vaste que dispendieux, puisqu'à cette époque il comprenait, outre les cérémonies du culte, le monopole de l'instruction, celui de la science, celui de l'hospitalité.

La disproportion existant entre les provinces de généralité et les provinces d'état s'explique également par l'histoire. Les premières, qui furent pour la plupart conquises, durent se soumettre aux conditions du vainqueur; les autres, au contraire, réunies par des traités ou des alliances, se donnèrent librement et à des conditions avantageuses.

On voit que tous ces abus avaient été commandés par des nécessités impérieuses. Le seul tort de la monarchie est de ne les avoir pas extirpés du jour où la cause qui les avait fait naître avait cessé d'exister. Ainsi, on eût dû soumettre à l'impôt les biens de la noblesse et du clergé du jour où la noblesse quitta les camps pour la cour, de celui où les biens du clergé excédèrent ses besoins. On eût dû également dissoudre les maîtrises et jurandes du moment que le travail individuel fut suffisamment protégé. Il fallait aussi reporter les douanes aux frontières et répartir également les contributions entre les diverses parties du royaume, du jour où les diverses provinces du royaume de France formèrent un tout assez compact.

L'Assemblée nationale eut la gloire de comprendre ces besoins et d'y satisfaire. Exposer comment elle y arriva, tel est le but de la première partie de ce travail.

Le premier acte de l'Assemblée constituante fut un décret du 17 juin 1789, qui déclarait que le peuple, par ses délégués, avait seul le droit de consentir l'impôt. Ce décret est une application exacte et directe du principe de la souveraineté du peuple. Remarquons également qu'il a été adopté par toutes les constitutions qui depuis ont régi la France.

Le second acte de l'Assemblée fut de charger son comité de finances de lui présenter un système de revenus publics qui fût en harmonie avec les idées nouvelles.

Avant d'entrer dans le détail des lois on posa d'abord les principes généraux.

Plusieurs furent admis sans aucune discussion, ainsi l'Assemblée fut unanime pour soumettre tous les citoyens, sans exception, à l'impôt, et déclarer qu'il serait proportionnellement établi sur la fortune de chacun d'eux.

D'autres principes, qui sont aujourd'hui élémentaires, ne passèrent pas sans une vive discussion. Le point de savoir si l'impôt serait payé en nature ou en argent, s'il serait calculé eu égard à la fortune du contribuable ou aux besoins de l'Etat, furent l'objet de longs débats. L'Assemblée se prononça enfin pour le paiement en argent et l'établissement de l'impôt, conformément aux besoins de l'Etat.

On discuta également, avec une grande chaleur, s'il y aurait deux classes d'impôts : les uns directs sur le revenu, les autres indirects sur les consommations.

Ce fut sur ce point que les discussions furent les plus vives et les plus brillantes; d'un côté, M. Dedelay, partisan des contributions indirectes, en retraça avec chaleur tous les avantages. Il montra à l'Assemblée combien ces impôts étaient peu vexatoires, puisque l'impôt se confond avec le prix de la consommation. Cet impôt était également plus juste que les autres, le pauvre qui consomme peu, payant beaucoup moins que le riche qui consomme beaucoup. Il offrait encore cet avantage que, si l'on est toujours contraint au paiement de l'impôt direct, on peut toujours se soustraire à l'impôt indirect, en ne consommant pas.

M. de la Rochefoucault, rapporteur du comité des finances, répondit à ces raisons en énumérant les inconvéniens des contributions indirectes. Rien n'était plus incertain que leurs produits; une grêle, une crise commerciale et mille autres accidens pouvaient en faire varier le montant. L'impôt direct au contraire, offrait une base stable et sûre, il suffisait de fixer une somme de..... pour être certain qu'elle entrerait dans les caisses du trésor.

Outre cette raison, qu'ont toujours invoquée les partisans de l'impôt direct, le rapporteur, en faisait valoir une autre que lui suggéraient les doctrines économiques alors généralement admises. Partisan des idées des Physiocrates, il s'efforça de démontrer à l'Assemblée que la terre seule produisait un revenu net. De là il n'y avait qu'un pas à faire pour conclure que l'impôt ne devait frapper que la terre.

Ces doctrines et ces raisons firent longtemps hésiter l'Assemblée. Des émeutes partielles, suscitées sur tous les points du royaume et dont le prétexte fut la gabelle on les droits-réunis, mirent un terme à ces incertitudes. Sans se prononcer sur la qnestion de principes, elle abolit les droits qui pesaient sur la boisson, sur le sel et les tabacs, et par là réduisit les contribntions indirectes à une somme presque insignifiante.

Ces principes généraux posés, voici comment l'Assemblée les appliqua.

Elle calcula qu'une somme de 500,000,000 fr. environ, serait nécessaire pour subvenir aux dépenses annuelles de l'Etat.

A cet effet, elle décréta successivement trois impôts directs ; le premier, l'impôt foncier, frappait sur les revenus territoriaux ; le second, l'impôt personnel et mobilier, atteignait les revenus du travail et ceux des capitaux mobiliers ; le troisième, sous le nom d'impôt des patentes, atteignait plus spécialement les capitaux industriels.

Ces impôts furent établis dans les proportions suivantes :

Impôt foncier en principal	240,000,000
5 sous additionnels	60,000,000
Impôt personnel et mobilier en principal	60,000,000
6 sous additionnels	18,000,000
Impôt des patentes en principal	20,000,000
Total.	398,000,000

Le reste devait être fourni par le produit

des douanes	20,000,000
de l'enregistrement	50,000,000
des domaines	18,000,000
des postes	12,000,000
des loteries	10,000,000
des poudres	1,000,000
des hypothèques	5,000,000
des créances Américaine et Allemande	2,000,000
Total.	118,000,000

Les trois lois sur l'impôt foncier, (23 novembre, 1 décembre 1790)
l'impôt personnel et mobilier, (13 janvier, 18 février 1791) et l'impôt
des patentes, (17 mars 1791) offrent des principes remarquables que
nous croyons devoir exposer.

1º *Impôt foncier.* — L'assemblée nationale de 1790 introduisit le
principe de la répartition par la loi entre les divers départemens. Les
assemblées de départemens le distribuaient entre les divers districts,
celle de district entre les diverses municipalités, et enfin les municipalités fixaient la part contributive de chaque citoyen.

Ce mode d'impôt, en même temps qu'il offrait de grands avantages,
présentait aussi de grands inconvéniens. Il supposait en effet une
grande connaissance de la fortune proportionnelle des diverses parties de la France. Malheureusement les renseignemens de l'assemblée
étaient fort insuffisans et l'assemblée constituante qui avait réprouvé
l'inégalité de la répartition de 1789, fut obligée, faute de meilleurs
renseignemens, de la suivre en 1791.

Cependant pour réparer cette inégalité elle affecta une partie des
produits des sous additionnels (trois sur la contribution foncière,
deux sur la contribution mobilière) à couvrir les demandes de dégrèvemens formées par les départemens, les communes et les particuliers.

Voulant aussi faire cesser cette inégalité le plus tôt possible, elle ordonna la confection d'un cadastre par masses et par parcelles. Cette grande et sage mesure ne fut malheureusement exécutée que plus de 3o ans après.

Après avoir établi que l'impôt foncier était un impôt de répartition, l'assemblée décréta qu'il n'était dû que sur le revenu net.

Le revenu net suivant cette loi est le revenu moyen des 3 dernières années, déduction faite de tous les frais de réparation et de culture. Les frais de réparation et d'entretien sont estimés pour les propriétés bâties au quart du revenu brut.

Le revenu net imposable n'est pas le revenu net effectif, résultant du plus ou moins d'industrie du propriétaire, mais au contraire celui qu'un propriétaire d'une habileté et d'un travail communs saurait tirer du fonds.

2° *Impôt personnel et mobilier.* — Occupons-nous d'abord de l'impôt personnel. Cet impôt, qui frappe indistinctement tous les citoyens, atteint surtout l'ouvrier; aussi l'assemblée ne l'avait-il fixé qu'à la valeur de 3 journées de travail.

L'ouvrier n'est point le seul qui se fasse des revenus par son travail. D'autres classes de citoyens tels que les médecins, les artistes, les avocats, se trouvent à cet égard dans la même postion. La taxe personnelle n'aurait été pour ces derniers qu'une charge imperceptible, aussi le législateur de 1790 a-t-il cru devoir leur imposer une taxe nouvelle proportionnée à leurs revenus.

Il n'y a qu'une ressemblance de noms entre l'impôt mobilier actuel et celui créé par la constituante. Celui-ci était une véritable taxe sur le revenu, taxe indirectement progressive et frappant surtout sur certains objets de luxe.

C'est ce qui ressort nettement des dispositions suivantes de la loi :

La première est une taxe *progressive* sur les domestiques mâles et femelles et sur les chevaux.

La seconde, une cote sur l'habitation, à raison du 3/100 du revenu.

La troisième était une taxe égale au 20ᵉ du revenu.

Il y avait cette ressemblance entre ces deux dernières taxes, que pour l'une comme pour l'autre le revenu était fixé proportionnellement au loyer. Ainsi un loyer de 100 fr. indiquait un revenu double, un loyer de 100 à 150 un revenu triple, et ainsi de suite.

3° *Impôt des patentes.*— L'impôt des patentes porte exclusivement sur les capitaux engagés dans les revenus industriels. Établi sur tous les commerçans indistinctement, il a remplacé par une taxe légère les impôts énormes des maîtrises et jurandes.

Cet impôt se composait de deux droits : un droit fixe et un droit progressif. Le droit fixe était différent suivant la profession du commerçant. Le droit progressif variait suivant le loyer.

Tel est l'aperçu rapide du système de revenus publics improvisé par l'Assemblée nationale.

La gloire de cette Assemblée est d'avoir posé d'une main ferme, mais prudente, tous les principes politiques qui font maintenant la force et l'orgueil de la société française. Fidèle à sa mission, elle a décrété sur les impôts des principes qu'ont adoptés depuis toutes les législatures qui se sont succédées. Les décrets par lesquels elle a proclamé que le peuple seul pouvait consentir l'impôt, et que chaque citoyen devait contribuer indistinctement aux charges de l'État en proportion de sa fortune, suffiraient pour l'immortaliser.

Quant aux vues économiques, l'Assemblée nationale n'eut aucun système bien arrêté. Toutefois il est évident qu'elle a subi sur les impôts la loi de son siècle, en adoptant les principes de l'école des physiocrates, école toute puissante alors.

Ces économistes ne voyaient d'autre revenu net que celui de la terre. Les gains du commerce, ceux de l'industrie n'étaient qu'un échange de produits; la terre seule produisait, elle seule devait donc supporter les impôts.

Ces doctrines exercèrent une grande influence sur les décisions de l'Assemblée. Pour s'en convaincre, il suffit de jeter les yeux sur l'ensemble du budget; on y verra que la contribution foncière forme à elle seule les 2/3 des recettes, tandis que l'impôt des patentes, le seul qui atteigne uniquement les capitaux industriels, n'est coté que pour 20,000,000 fr., c'est-à-dire le 25ᵉ des revenus.

Les événemens ne justifièrent pas les sages prévisions de l'Assemblée; dès l'année 1792, les recettes ne s'opérèrent qu'imparfaitement; dès lors elles furent de beaucoup inférieures aux dépenses. Le déficit allant toujours s'augmentant, l'État ne soutint plus son crédit que par des artifices continuels, par des émissions immodérées d'assignats, par des ventes répétées et à bas prix de biens nationaux, jusqu'à ce qu'enfin, le Directoire se décidât à déclarer la banqueroute.

II.

Etat des revenus en 1848 et comparaison des revenus actuels avec ceux de 1790.

Le système actuel n'est le fait d'aucun gouvernement. Commencé sous le Consulat, développé sous l'Empire et surtout sous la Restauration, il a été terminé sous le règne du dernier roi.

Les principes constitutionnels sur lesquels il s'appuie sont exactement les mêmes que ceux de l'Assemblée constituante. « L'impôt ne peut être consenti que par le pouvoir législatif (art. 40 de la Charte de 1830). Il doit porter indistinctement sur tous les Français proportionnellement à leur fortune (art. 2 de la même Charte). »

Si les principes politiques offrent une grande ressemblance, la divergence la plus profonde existe au contraire sous le rapport des vues économiques.

n av ant ces dernières années, l'école des physiocrates avait fait son temps. Représentée par Quesnay et Turgot, elle fut toute puissante sous l'Assemblée constituante; avec elle, elle disparut de la scène politique. Fondateurs de la science économique, les physiocrates eurent le sort de tous les innovateurs; ceux qui les suivirent

lès dépassèrent. Les études des Say, des Schmidt, des Ricardo, ont
élevé l'économie politique à la hauteur d'une science.

Leurs doctrines ont eu la plus grande influence sur le système de
nos revenus publics. D'après eux, l'impôt ne serait que la juste
rémunération donnée par les particuliers à l'État, en échange de la
protection journalière que celui-ci leur accorde.

Cette protection s'étend à tout, à la personne de l'individu lui-
même, à sa famille, à son travail, à sa terre. C'est le gouvernement
qui lui garantit la faculté d'aller et de venir, celle de faire son commerce, d'exercer sa profession. Il doit donc rémunérer le gouvernement pour chacune de ces choses et chacun de ces actes.

L'impôt doit frapper le revenu de préférence au capital. En effet,
l'impôt étant une charge annuelle, doit être acquitté avec des ressources annuelles; en outre, tout bon administrateur n'entame ses
capitaux qu'après l'épuisement de ses revenus.

L'impôt peut ou atteindre directement le revenu, ou au contraire
se confondre avec la marchandise, et être acquitté par le consomma-
teur, en même temps que le prix des marchandises achetées; de là
deux classes d'impôts, l'impôt direct et l'impôt indirect. Chacun
a ses avantages et ses inconvéniens. Exposons-les successivement.

L'impôt direct est facile à percevoir. Il suffit de constater un fait
matériel, la valeur d'une propriété, et d'établir une échelle de proportion pour déterminer la part contributive de chacun. Cet impôt est
d'un revenu certain; il peut supporter sans disparaître les charges
les plus lourdes. On doit donc le réserver pour les temps difficiles;
mais il présente deux graves inconvéniens: il est vexatoire et forcé.

L'impôt indirect est au contraire presque imperceptible; il se
dissimule dans le prix des marchandises. Celui qui achète un objet
frappé des droits ignore la plupart du temps combien il paie à l'État.

b.

Cet impôt a encore l'avantage d'être volontaire, chacun étant libre de consommer ou de s'abstenir. Il est également plus juste que l'impôt direct, car il frappe plus sur le riche, qui consomme beaucoup, que sur le pauvre qui consomme peu. Mais il présente plusieurs inconvéniens : il est d'une perception difficile ; il donne lieu à des fraudes nombreuses, oblige le gouvernement à entretenir sur pied une armée de commis. Son produit varie extrêmement : une abondante récolte le portera pendant une année à des sommes considérables ; l'année suivante, au contraire, il sera de beaucoup diminué.

Ces avantages et ces inconvéniens ont engagé le législateur à distribuer entre ces deux impôts les revenus de la France.

D'autres raisons l'y ont encore engagé. Il a remarqué que l'impôt direct convenait plus aux pays agricoles et l'impôt indirect aux pays manufacturiers. Ainsi les revenus de l'Angleterre, pays de commerce et de manufacture, consistent surtout dans les revenus de la douane et ceux de *l'excise* (droit de fabrication sur la bière) ; les revenus de la Hollande, pays commerçant et navigateur, se composent presqu'exclusivement de droits de tonnage et de navigation ; la Lombardie au contraire, pays essentiellement agricole, n'a guère d'autres ressources annuelles que l'impôt foncier. Appliquant ces justes remarques à la France, nation tout à-la-fois agricole, commerçante et manufacturière, le législateur a voulu que les impôts directs et indirects se combinassent pour supporter les charges publiques.

Nous devons constater ici une première différence entre le système actuel et celui de l'Assemblée nationale. La Constituante avait fait des impôts directs la principale branche des revenus publics, 400,000,000 fr. sur 500,000,000 fr. En 1848, au contraire, l'impôt direct n'entre que pour moins d'un tiers dans les recettes, 400,000,000 fr. sur 1,400,000,000 fr.

L'impôt direct est de tous les impôts celui qui se présente le premier à l'esprit du législateur. Aussi son établissement a-t-il précédé en France celui de l'impôt indirect. Nous suivrons également dans l'ordre de nos développemens, la marche chronologique.

IMPÔTS DIRECTS.

L'impôt direct cherche à atteindre le revenu sous quelque forme qu'il se présente. Deux faits révèlent assez généralement notre revenu, à savoir : la possession d'une terre, et l'occupation d'un loyer élégant ou modeste, vaste ou étroit suivant que nous sommes riches ou pauvres. S'emparant de ces faits ostensibles, le législateur a établi quatre sortes d'impôts sur le revenu : l'impôt foncier, qui frappe sur le produit de la terre ; l'impôt personnel et mobilier et celui des portes et fenêtres, qui frappent les revenus en général; et l'impôt des patentes, qui atteint les produits de l'industrie et du commerce.

Impôt foncier. Les bases de la contribution foncière actuelle sont les mêmes qu'en 1790, sauf que la répartition actuellement exacte est basée sur le cadastre.

Il y a également une grande diminution dans le montant de l'impôt. L'Assemblée constituante en fixa le principal à 240,000,000 fr., l'impôt foncier actuel n'est plus que de 159,000,000 fr.

Impôt personnel. Cet impôt est toujours resté le même, sauf deux exceptions : il ne peut être ajouté aucun centime additionnel à cet impôt; la valeur de la journée est actuellement fixée par la loi, au minimum, à 0 fr. 50 cent. et au maximum, à 1 fr. 50 cent. Le Conseil général est chargé de l'évaluation définitive.

Impôt mobilier. Entre l'impôt tel qu'il est actuellement et celui de l'Assemblée constituante, il n'y a guère qu'une ressemblance de nom.

En 1790, l'impôt mobilier était une taxe *progressive* sur le revenu; en 1848, c'est une taxe *proportionnelle* au prix du loyer.

L'impôt personnel et mobilier fixé, en 1790, à 60,000,000 fr., en principal, n'est plus, en 1848, que de 34,000,000 fr.

Impôts des portes et fenêtres. Cet impôt a été établi par la loi de frimaire an VII. Comme l'impôt mobilier, il a pour but d'atteindre tous les revenus indistinctement, et surtout l'aisance qui préfère des logemens vastes et bien éclairés à des habitations modestes.

L'impôt se paie sur chaque ouverture et sur une échelle proportionnelle, dans laquelle les diverses classes d'ouvertures sont rangées différemment.

Cet impôt, comme les trois précédens, est un impôt de répartition.

Ce serait aller directement contre l'esprit de la loi, que d'imposer indistinctement toutes sortes d'ouvertures. Aussi celles qui servent aux granges, aux greniers, aux bâtimens d'exploitation sont-elles affranchies des droits. Agir autrement, c'eût été nuire au commerce et à l'agriculture.

L'impôt des portes et fenêtres a été fixé en 1848, au principal de 24,000,000 fr.

Impôt des patentes. La seule différence qu'il y ait entre l'impôt des patentes tel qu'il a été voté par l'Assemblée nationale, et l'impôt des patentes actuel, consiste dans le remplacement du droit progressif par un droit proportionnel. Le *quantum* du droit a également varié: en 1790, il était de 2 sous pour livre sur les loyers inférieurs à 800 fr., et de 3 sous pour livre sur les loyers supérieurs à cette somme. Il n'est plus actuellement que d'un vingtième.

Comme on le voit, les impôts directs sont encore aujourd'hui à peu près ce qu'ils étaient en 1790.

IMPÔTS INDIRECTS.

Le principal inconvénient des impôts indirects consiste dans la perception des droits. Pour arriver à ce but, le législateur a employé les moyens les plus divers et les plus variés. Tantôt il saisit la marchandise au passage des frontières ou à l'entrée des villes; quelquefois, comme pour les sels, il entoure le lieu de fabrication d'un cordon d'agens, et aucune partie de la marchandise ne peut sortir avant d'avoir acquitté les droits. Enfin, pour rendre la fraude plus difficile encore, il s'attribue le monopole de la vente de certaines denrées telles que le tabac, la poudre de chasse, etc.

Les impôts de consommation exigent de justes tempéramens et de nombreuses distinctions.

Ils ne doivent point porter sur les objets de première nécessité, sans quoi l'impôt deviendrait forcé, vexatoire et injuste. Injuste, car au lieu de frapper plus le riche que le pauvre, il pèserait en sens inverse. Supposons en effet un impôt sur le pain. Il est évident que cet impôt pèserait plus sur le pauvre que sur l'homme riche, qui aura d'autres alimens pour satisfaire sa faim.

Les objets frappés des droits doivent donc être de préférence des objets d'une consommation facultative.

Il peut arriver cependant que l'impôt porte sur des objets utiles à la santé et à la vie de l'homme; mais alors les droits doivent se renfermer dans de sages limites et ne défendre que l'excès et non l'usage. Par exemple, un impôt sur les vins est fort juste, en tant qu'il interdit la débauche; il devient mauvais, s'il prive la classe pauvre de l'usage de cette boisson, aussi utile pour la santé qu'agréable au goût.

Examinons successivement les divers impôts de consommation.

Boissons. Les boissons paient au trésor des droits nombreux et élevés, appelés droits de circulation, droits d'entrée, droits de licence.

Quelques-unes, comme les alcools et la bière paient encore des droits de fabrication ou de consommation. Pour assurer le paiement de ces droits, la loi prend des précautions nombreuses. Elle entretient toute une armée d'agens qui exercent une surveillance active et spéciale, connue sous le nom d'exercice.

L'impôt des boissons était aboli en 1790; il a été rétabli le 28 avril 1806. La loi de la matière est actuellement celle du 28 avril 1816.

Le produit des boissons est d'environ 100,000,000 fr.

Sel. Le sel est également assujetti au paiement de droits considérables.

L'impôt du sel est presque aussi ancien que la monarchie. Dans l'origine, les droits furent très faibles. Depuis ils se sont considérablement accrus. Ils sont actuellement de beaucoup supérieurs au prix de revient.

Cet impôt a été depuis peu considérablement réduit. Ses adversaires lui reprochaient de frapper sur un aliment de première nécessité, indispensable à la classe pauvre pour la préparation de ses alimens, et très utile à l'agriculture, comme fournissant un engrais puissant pour les terres, une excellente nourriture pour les bestiaux. L'imposer, c'était donc priver l'agriculture d'un engrais puissant et le malheureux d'une jouissance.

Les partisans de l'impôt répondaient ; que de ces deux considérations une seule était juste ; que l'impôt n'entrait que d'une manière imperceptible dans la préparation des alimens, mais qu'il était juste de le dégrever dans l'intérêt de l'agriculture. Toutefois il fallait attendre que l'état de nos finances nous permît ce sacrifice.

Le peu d'espace de terrain sur lequel s'opère la fabrication du sel, rend la perception des droits excessivement facile. Les marais salans et les mines sont entourés d'agens, qui, comme les douaniers, ne laissent rien sortir sans l'acquittement préalable du droit. Cette grande facilité de perception explique suffisamment, je le crois, la tendance perpétuelle des gouvernemens à imposer cette denrée.

L'impôt sur le sel s'est élevé en 1847 à environ 72,000,000 : savoir, 12,000,000, sur les sels provenant des mines de l'est ; et 60,000,000 sur ceux des marais salans.

Douanes. La loi qui régit les douanes est encore celle de l'Assemblée constituante (22 août 1791).

Depuis cette époque, les tarifs ont été souvent remaniés. Jusqu'en 1814, ils ont toujours suivi une marche ascendante et ont même abouti souvent à des prohibitions absolues. Depuis, les tarifs ont au contraire sensiblement baissé.

Les droits de douanes aux frontières, sont des impôts trop productifs et trop faciles à percevoir, pour que dans tous les pays et sous tous les gouvernemens, il n'en ait point été établi. L'institution fut toute fiscale d'abord; elle tendait, seulement à créer une branche de revenus, riche et productive. Sous Colbert, elle prit un caractère tout différent.|Depuis ce grand financier, le but principal des douanes a été de protéger le travail français contre la concurrence étrangère.

C'est sous ce dernier point de vue que l'on a le plus vivement attaqué l'impôt des douanes. On s'est efforcé de démontrer que les droits protecteurs étaient plutôt une charge qu'un bienfait. Pourquoi, disaient les libres échangistes, faire payer si cher des fers ou des étoffes que l'Angleterre serait heureuse de vendre à bas prix. Il est vrai que les droits font vivre quelques industries spéciales; mais au détriment des consommateurs, qui paient cher des objets qu'il serait si facile de se procurer à bon marché? Pourquoi ne se bornerait-on pas au contraire à produire ce qu'on fait mieux et à

meilleur marché que les autres nations? Il serait alors facile d'obte-
tenir par des échanges les produits qui nous manqueraient.

A ces raisons, les protectionistes répondent, qu'il y a d'abord des
industries qu'il faut conserver à tout prix, comme celles des armes
de guerre, des poudres et des salpêtres; agir autrement, ce serait
abandonner la défense du territoire à la merci des autres nations.

D'accord sur ce point avec leurs adversaires, les protectionistes
ajoutent : que toute propriété est garantie par la constitution; que
supprimer le tarif des douanes serait anéantir en fait un grand nom-
bre de propriétés; qu'il serait trop cruel de réduire à la misère des
milliers d'ouvriers; dès-lors il est loin d'être injuste de faire supporter aux consommateurs une charge légère afin de faire vivre une
partie de la nation. Au surplus, si les tarifs étaient abrogés, les ca-
pitalistes abandonneraient leurs fabriques, les ouvriers resteraient
sans ouvrage, et l'on serait obligé de leur donner des secours d'une
valeur supérieure aux charges que les douanes imposent au con-
sommateur. Dirait-on que les ouvriers pourraient se reporter vers
d'autres genres d'industries? Il est facile de répondre qu'un homme
ne change pas d'état du jour au lendemain; qu'aujourd'hui ouvrier
en étoffes, il ne peut être demain cultivateur.

Les protectionistes font encore observer que ce serait commettre
une grave imprudence que de se rendre tributaire d'un autre peuple
pour toute une branche de produits. Supposons, en effet, une guerre
qui intercepte les communications, il faudra alors ou se priver de la
denrée, ou traiter avec l'ennemi.

Tel est l'aperçu rapide des raisons qui ont fait maintenir les droits
de douane.

Ces droits s'exercent à l'entrée et à la sortie des marchandises. Il
y a des marchandises dont l'entrée est complètement prohibée ;
d'autres peuvent entrer moyennant le paiement d'un droit. De même,
certaines marchandises ne peuvent sortir à aucun prix, tandis qu'il
en est d'autres qui peuvent sortir moyennant un droit.

Il est au contraire des objets dont l'importation ou l'exportation est encouragée par le paiement d'une prime. Enfin le passage des marchandises étrangères à travers la France, n'est assujetti qu'à un droit de transit.

En 1847, les droits de douane, déduction faite des droits perçus sur le sel et le sucre, ont produit 108,000,000 fr.; en 1790 ils n'en avaient produit que 20,000,000.

Tabacs. De tous les impôts existans, celui des tabacs est un des plus justes. Il tend à proscrire un vice, et à ce titre, il mérite une faveur toute particulière. Pour être plus certain qu'aucune fraude ne s'introduira dans la perception, l'Etat s'est attribué le monopole de la fabrication et de la vente des tabacs français et étrangers.

Les tabacs ont rapporté, en 1847, 111,000,000. Aboli sous la Constituante, le monopole a été rétabli par un décret du 29 décembre 1810.

Sucres. L'impôt sur le sucre est encore un impôt d'une justice évidente. L'usage du sucre n'est pas une nécessité, c'est seulement une jouissance de luxe.

L'impôt sur le sucre est de deux sortes; il pèse à-la-fois sur le sucre indigène et sur celui qui vient des colonies.

La fabrication du sucre indigène est de beaucoup postérieure à l'Assemblée constituante. Napoléon en eut la première idée, et les premiers essais eurent lieu sous l'Empire; ce ne fut guéres qu'en 1830 que le sucre de betterave put livrer une concurrence sérieuse au sucre des colonies. En 1835, pour rendre la concurrence possible, on imposa le sucre indigène. En 1840, les droits ont été encore augmentés. Depuis, le commerce des colonies a repris quelque vigueur. Mais est-il possible que ces deux industries rivales et placées dans des conditions si différentes, puissent lutter long-temps encore, sans que l'une ou l'autre ne succombe?

Les droits sur les sucres coloniaux se confondaient en 1790 avec le produit des douanes. Aujourd'hui les sucres coloniaux rendent à la France 52,000,000 fr., et les sucres indigènes 12,000,000 fr.

Le peu de faveur que méritent les consommateurs de sucre a fait penser à plusieurs financiers, qu'il serait utile de reporter sur les sucres ce qu'il y a de trop élevé dans l'impôt des boissons.

Postes. L'État s'est attribué le monopole du transport des lettres, moyennant un tarif qu'il fixe lui-même.

En agissant ainsi, il rend d'abord un service public, s'en fait payer le prix, et préléve ensuite un impôt, en élevant le prix des lettres au-dessus des frais de transport.

Les revenus des postes proviennent du prix du transport de l'argent, de celui des lettres et des imprimés, de celui des voyageurs dans les malles-postes, enfin du transit des correspondances étrangères.

Le prix du transport de l'argent est de cinq pour cent d'escompte. Le tarif des lettres était, il y a quelque temps encore, celui de 1828. Le prix de la lettre était fixé suivant la distance parcourue. A cet effet, le territoire de la France était divisé en zônes, et la lettre payait en raison des zônes traversées.

Les imprimés étaient soumis à un droit fixe de quatre centimes par feuille d'impression. Le bas prix du transport des imprimés a été introduit pour favoriser le développement du commerce.

Cet impôt rapportait, en 1790, 12,000,000; actuellement, il en rend 52,000,000 fr.

Cet impôt a subi de légères modifications depuis 1790. D'après la loi des 26—29 août 1790, le service des postes comprenait la poste aux chevaux, la poste aux lettres, et le droit que l'État avait d'affermer aux enchères le monopole du transport des voyageurs par les messageries. Depuis, le monopole des messageries a été aboli.

La loi de 1790 a maintenu le tarif de 1759, en exprimant le vœu qu'un nouveau tarif fût établi dans un bref délai. Il fut publié en 1791. Le tort de ce tarif était de fixer le prix des lettres d'après la distance parcourue et non d'après la distance en ligne directe. C'est ce qui fit l'objet des réformes de la loi de 1828.

De l'enregistrement. — Outre les impôts directs ou indirects, la France possède encore une source féconde de revenus dans les produits de l'enregistrement et des domaines.

Les droits d'enregistrement, de timbre et d'hypothèque, sont certainement des impôts, mais l'importance de leurs produits et quelques caractères qui les rapprochent tantôt des impôts directs, tantôt des impôts indirects, ont engagé beaucoup d'administrateurs à les ranger dans une classe à part. Nous suivrons également cette division.

La vente du papier, dit *papier timbré,* sur lequel doivent être écrits toutes les conventions, les actes judiciaires, etc., et dont le monopole est réservé à l'État, produit l'impôt du timbre. Le papier timbré est vendu à un prix beaucoup supérieur au prix de revient.

Les droits d'enregistrement sont fort variés. Ils portent sur les actes d'une manière très différente. Tantôt le paiement des droits est forcé et doit être fait dans un délai de trois ou de six mois; tantôt, on peut attendre pour les payer qu'on produise l'acte en justice.

Dans la première catégorie, nous rangerons les droits sur les mutations, survenues par succession ou par actes entre vifs, les droits dûs sur les baux, etc., etc.

Il faut également ranger dans cette classe tous les droits dus en vertu d'actes publics ou authentiques. Dans ce cas l'enregistrement est forcé.

Nous rangerons au contraire dans la seconde catégorie les actes sous seing-privés, emportant seulement obligation ou quittance et généralement tous les actes qui n'ont pas été astreints à l'enregistrement dans un délai fixe.

Les droits sont tantôt fixes, tantôt proportionnels. Les droits proportionnels portent sur les actes emportant aliénation, obligation ou quittance ; tous les autres sont soumis au droit fixe.

Les droits d'enregistrement se justifient par cette raison, que l'État, en garantissant à quelqu'un la jouissance paisible d'un bien ou d'une succession opulente, ou en donnant force de loi à une convention, a droit à une juste rénumération.

Les droits d'enregistrement ont été souvent critiqués à divers points de vue. On a cru surtout qu'ils étaient perfectibles.

Ainsi, les droits de mutation se perçoivent sur la déclaration que fait le contribuable du prix de vente de l'objet aliéné.

Cette manière de fixer l'assiette de l'impôt a de graves inconvéniens; il transporte à l'individu, au contribuable, l'évaluation de l'assiette qui dans tous les autres impôts est attribuée à l'administration. Il frappe sur les contribuables en raison inverse de la manière dont il devrait frapper. A-t-on acheté bon marché, on paie peu de droits, a-t-on acheté cher, on est encore obligé de payer au trésor des droits très-élevés. Cet impôt atteint lourdement l'honnête homme, qui déclare le prix véritable et n'a aucun moyen d'action contre le mauvais citoyen qui le dissimule.

Veut-on réprimer les abus résultant des dissimulations, la loi n'offre que des moyens tout-à-fait insuffisans. On fait procéder à l'estimation de l'immeuble vendu et l'on voit s'il est en rapport avec le prix déclaré. Mais on doit s'apercevoir que les moyens de répression sont en opposition formelle avec les principes sur l'assiette de cet impôt. En effet la loi établit l'impôt sur le prix de vente, et pour constater si la déclaration est conforme au prix réel, on ne recherche point quel a été le prix réel, mais seulement de quel prix l'immeuble est susceptible. Nous ne blâmerons pas l'administration de n'avoir pas mis d'autres moyens à la disposition de ses agens, de ne les avoir pas autorisés à employer les visites domiciliaires, la saisie des papiers ou la preuve par témoins. Ces moyens sont trop tyranniques pour être employés à la perception d'un impôt. Nous nous contenterons de dire que l'assiette de cet impôt est mauvaise, et d'indiquer celle qui suivant beaucoup d'hommes distingués devrait la remplacer. On propose de faire payer les droits, non sur la déclaration des contribuables, mais proportionnellement à l'évaluation faite sur la matrice cadastrale.

Ce mode de procéder offrirait de grands avantages. L'assiette de l'impôt serait désormais attribuée à l'administration; il frapperait sur tous les contribuables proportionnellement à la valeur de leurs acquisitions. Les contribuables n'auraient plus aucun moyen de frauder le fisc. De nombreux procès d'expertise seraient évités. Enfin, les frais d'administration seraient considérablement diminués.

L'on a fait aussi à l'enregistrement une critique qui me paraît assez fondée.

On sait que la propriété en France est transmise sans aucun signe ostensible par le simple consentement des parties. L'enregistrement et la transcription ne sont dans ce cas qu'un mode de perception d'impôt. Généralement, au contraire, l'impôt doit être la rénumération d'un service rendu par l'état au contribuable.

Pour rendre à l'impôt son véritable but, on a proposé de soumettre les transmissions de propriétés immobilières à la condition forcée de la transcription de l'acte de vente, soit au bureau du receveur de l'enregistrement, soit à celui du conservateur des hypothèques.

La transcription du contrat offrirait de grands avantages; elle donnerait à la transmission de la propriété un signe apparent; elle augmenterait de beaucoup le crédit des propriétaires fonciers, en leur permettant d'offrir aux emprunteurs des propriétés plus solidement assises.

Cette transmission apparente de la propriété n'est point une idée nouvelle. A Rome, la tradition seule rendait propriétaire ; il en est de même encore chez quelques nations de l'Europe.

Outre ces deux critiques que nous avons présentées très brièvement et qui sont aujourd'hui connues de tout le monde, on en a élevé beaucoup d'autres sur le tarif des droits et surtout sur le régime hypothécaire, mais ce serait sortir des bornes de notre travail que d'entrer dans ces questions.

La constituante trouva sur ce point une législation fort obscure. Comme aujourd'hui, il y avait deux sortes de droit, les droits de mutation et les droits d'actes. Les premiers sous le nom de centième, de droits de lods et vente, atteignaient la transmission de la propriété ; les seconds avaient le nom de droit de contrôle.

La loi des 5-19 décembre 1790 changea entièrement cette législation ; elle comprit sous le nom de droit d'enregistrement les droits de mutation et les droits d'acte.

Elle divisa ensuite en trois classes les actes et titres soumis à la formalité de l'enregistrement. Dans la première, elle rangea les actes et titres soumis au droit proportionnel, qui variait de quatre sous à quatre livres. Dans la seconde, elle rangea des droits qui étaient payés en raison du revenu des contractans. Enfin, dans la troisième, elle comprit les droits fixes qui variaient de cinq sous jusqu'à douze livres.

Diverses lois de la Révolution modifièrent successivement les tarifs, mais la loi de 1790 resta en vigueur jusqu'à la loi du 22 frimaire an VII. Cette loi est actuellement le code de l'enregistrement. Son esprit est un retour plus ou moins complet aux idées qui existaient avant 1789 ; sur ce point elle présente même de grandes améliorations. Les règles sont plus nettement posées, les droits sont plus équitables. Cependant cette matière est peut-être de toutes les branches du revenu public celle qui demande le plus de réformes.

Les lois rendues depuis l'an VII n'ont fait que modifier les tarifs, sans presque toucher aux principes.

Les principales différences qui existent entre la loi de 1790 et celle de l'an VII consistent, outre la modification des tarifs, dans la suppression des droits fixés proportionnellement aux revenus présumés. Il y a également quelque différence dans le mode de perception.

Domaine public et domaine de l'Etat. Produits des forêts et de la pêche.

La loi du 22 novembre 1790, rendue par l'Assemblée constituante sur le domaine, est encore la loi sur la matière.

Le principe de l'inaliénabilité du *domaine de l'Etat*, proclamée par l'édit de 1566, fut aboli par l'Assemblée constituante, qui le déclara aliénable en vertu d'une loi, et par là même le soumit à la prescription. Quant au *domaine public*, il est maintenant comme avant 1789, inaliénable et imprescriptible.

Il ne faut pas confondre le domaine public avec le domaine de l'Etat. Le premier forme une des sources les plus importantes des richesses publiques, mais par sa nature même il est peu productif de revenus.

En effet, quels revenus pourrait-il produire, puisque tout le monde en jouit en commun? Les produits de la pêche dans les fleuves et rivières navigables forment cependant une branche importante du revenu public.

Les produits de la pêche sont de deux espèces: ou l'État afferme un canton de pêche et en perçoit le fermage comme pour tous autres baux; ou au contraire, il octroie à des particuliers, moyennant finances, la faculté individuelle de pêcher.

L'ordonance de 1669 avait concédé le droit de pêche dans les rivières navigables et flottables à l'État, et dans les rivières non navigables ni flottables aux seigneurs haut-justiciers.

d

Pendant la révolution, la pêche dans les fleuves et rivières, même navigables, était entièrement libre. (Lois des 6 et 9 juillet 1793, 14 floréal an 10, art. 1.)

Les forêts forment une portion importante de notre revenu public; elles font partie du domaine de l'État; les coupes sont faites par les soins de l'administration forestière, et le produit des coupes est adjugé au plus offrant et dernier enchérisseur.

Le code forestier ne date que du 31 mai 1827. C'est comme le dit M. Dupin, un monument honorable du règne de Charles X.

Conclusion. S'il est un tableau consolant et qui puisse donner quelque confiance dans l'avenir et la prospérité de la France, c'est à coup sûr de comparer l'état des revenus en 1848 avec ce qu'il était en 1790.

On y verra que malgré des dégrèvemens notables accordés aux contribuables, le produit des impôts s'est considérablement augmenté.

Pour se convaincre de la grande diminution survenue dans les charges, il suffit de comparer l'état des contributions directes de 1790 avec celui de 1848.

Contributions directes.

	En 1790:	En 1848:
Contribution foncière en principal,	240,000,000	159,000,000
Sous ou centimes additionnels,	60,000,000	119,000,000
Contribution personnelle et mobilière en principal,	60,000,000	34,000,000
Sous ou centimes additionnels,	18,000,000	24,000,000
Patentes en principal,	20,000,000	32,000,000
Centimes additionnels,		13,000,000

En jetant les yeux sur ce tableau, on aperçoit tout d'abord que la contribution foncière n'est plus en principal de 240,000,000, mais seulement de 158,000,000. Le principal de la contribution mobilière a suivi la même marche décroissante; comme l'impôt foncier, il est inférieur de moitié, 34,000,000 au lieu de 60,000,000.

L'impôt des patentes a au contraire augmenté de près d'un tiers ; toutefois ceci n'indique point une surcharge. Les patentes sont en effet un impôt de quotité ; or, pour savoir s'il y a surcharge ou décharge dans un impôt de quotité, c'est le quantum qu'il faut examiner.

En 1790, l'impôt progressif des patentes était de deux sous pour livres, sur les loyers inférieurs à 800 fr., et de 3 sous pour livres sur ceux qui dépassaient cette somme. En 1847 le droit proportionnel n'est plus que d'un vingtième, il y a donc là encore une diminution de moitié.

Il est vrai qu'à côté de ces chiffres, en apparence si restreints, se trouvent des centimes additionnels qui sont de beaucoup supérieurs aux sous additionnels du budget de 1790; mais la plupart de ces centimes sont affectés spécialement à des dépenses productives, qui, comme celles des chemins vicinaux, du cadastre n'existaient pas en 1789. D'autres, et ce sont les plus importans, sont destinés à subvenir aux dépenses des communes et des départemens, dépenses qui n'étaient pas comprises au budget de l'Etat en 1790, et qui restaient à la charge de chaque département ou de chaque commune en particulier.

Les contributions indirectes, au contraire, offrent une augmentation considérable, signe certain d'une prospérité toujours croissante.

Les douanes, qui en 1790 n'ont produit que 20,000,000 liv., accusent en 1848 un chiffre de 220,000,000 fr. Les postes ont monté de 12,000,000 à 52,000,000 fr. L'enregistrement et le timbre ont produit 251,000,000 fr. au lieu de 55,000,000. Les domaines, au lieu de 18,000,000 fr., ont produit 40,000,000.

Ce n'est pourtant point l'augmentation des charges qui a fait croître le produit des impôts ; loin de là, les tarifs des douanes et ceux de la poste aux lettres ont continuellement baissé.

L'augmentation dans|le produit des domaines démontre victorieusement le développement de la richesse publique. Dans cette administration, plus que dans toute autre, nous aurions dû trouver une diminution. On sait, en effet, que plus de 800,000,000 de biens nationaux existant en 1790, ont été vendus pendant la révolution.

Ces chiffres indiquent suffisamment, je le crois, que l'augmentation considérable des revenus publics est due seulement à l'accroissement de la richesse nationale. L'agriculture, le commerce ou l'industrie n'ont point été surchargés ; sur beaucoup de points même, ils ont été soulagés. L'agriculture paie moins aujourd'hui d'impôts qu'en 1790 ; pourtant le prix de l'argent a diminué de moitié et la terre a doublé de valeur. Les douanes, les octrois, les postes, les contributions indirectes, malgré la réduction de leurs tarifs, ont vu s'augmenter leur produit. Les domaines nationaux, quoique diminués des deux tiers, ont doublé leurs revenus. Tous ces faits accusent une prospérité dont nous devons nous réjouir. Espérons, qu'un moment arrêtée dans sa marche, elle reprendra bientôt son cours.